DIE

GRIECHISCHE ZEITUNG

Anton Powell & Philip Steele

Deutsch von Christa Holtei

Liebe Leser und Leserinnen!

Wir von der GRIECHISCHEN ZEITUNG haben unsere Archive durchsucht, um Geschichten zu finden, die wirklich Schlagzeilen gemacht haben. Unsere besten Reporter haben diese Geschichten für unsere Sonderausgabe neu geschrieben.

Neben Berichten über alle wirklich großen Ereignisse unserer Geschichte finden sich hier fesselnde Artikel über das alltägliche Leben: unsere Feste und Moden, unsere Götter und Kriege und vieles, vieles mehr.

Nun hoffen wir, dass unsere Leser und Leserinnen so viel Spaß beim Lesen der GRIECHISCHEN ZEITUNG haben, wie wir beim Zusammenstellen der Artikel.

Die Chefredakteure

Anton Powell Philip Steele

Anmerkung des Verlegers:

Wie wir alle wissen, gab es zur Zeit der griechischen Antike noch keine Zeitungen, aber mit Sicherheit hätten alle Griechen gerne die *GRIECHISCHE ZEITUNG* gelesen!

Wir wünschen viel Spaß mit unserer Zeitung.

Berücksichtigt neue Rechtschreibregeln

Kinderbuchverlag Luzern
Aarau, Frankfurt a. M., Salzburg

INHALT

INLAND

LEBEN

Karte von Gillian Tyler

ZU NEUEN UFERN

Bild von Chris Forsey

Fährt man nach Nordafrika, dann findet man Menschen, die Griechisch sprechen. In Italien oder Südfrankreich ist es dasselbe. Woher kommt das? Wir blicken zurück auf die Zeit, als die Griechen zu fernen Ländern segelten.

Wie wir alle ja wissen, ist unser Heimatland das schönste auf der Welt. Aber seien wir ehrlich, Griechenland besteht aus Bergen und Inseln: Es gibt einfach kein Land für Äcker und Weiden.

Und weil jede Stadt nur ein kleines Gebiet beherrscht, muss sie dort entweder selbst Nahrungsmittel anbauen oder reich genug sein, um sie zu kaufen.

Vor langer Zeit, zwischen 750 und 500 v. Chr., wurden viele Stadtstaaten zu groß, um alle Bewohner zu ernähren. Viele Griechen mussten also ihre Städte verlassen und neue Länder suchen, wo sie sich ansiedeln und Kolonien gründen konnten.

Die tapferen Pioniere machten sich in alle Richtungen auf und gründeten neue Siedlungen in Nordafrika, am Schwarzen Meer und sogar in Spanien.

AUFBRUCH

Aber wer genau waren diese Siedler? Oft waren sie Leute, die das Glück vergessen hatte – ohne Land und ohne Besitz.

Einige Siedler wurden von Adeligen angeführt, die sich mit ihren Herrschern überworfen hatten. Dorieus, ein Prinz aus Sparta, war ein typischer Fall. Ungefähr 520 v. Chr. segelte er wutentbrannt fort, um eine Siedlung in Nordafrika zu gründen, weil sein Rivale den spartanischen Thron erobert hatte.

Verschwindet! Wütende Bewohner Santorinis werfen Steine nach zurückkehrenden Siedlern.

Aber nicht alle Siedler waren Abenteurer wie Dorieus. Auf der kleinen Insel Santorini, wo die Menschen verhungerten, wurden die jungen Männer vor eine einfache Wahl gestellt: »Segelt nach Nordafrika – oder sterbt!«

Die Menschen verließen ihr Heimatland und schufteten, um eine Kolonie in Afrika aufzubauen. Aber ihr neues Leben war so hart, dass sie am Ende aufgaben und nach Hause zurückfuhren.

Sie wurden nicht sehr freundlich aufgenommen – die Menschen auf Santorini warfen sogar Steine nach ihnen und die Siedler mussten wieder nach Afrika zurückkehren. Aber ihre Geschichte ging gut aus, denn ihre Kolonie wurde zur blühenden Stadt Kyrene!

REICHTÜMER AUS FERNEN LANDEN

Zuerst versorgten unsere Kolonien die Menschen mit Land. Aber dann wurden sie auch aus anderen Gründen wichtig.

Wo wären wir ohne Korn und Metall aus den Kolonien? Gar nicht zu reden von Luxus wie Gold, Elfenbein, Parfüme …

Unsere Kolonien sollen leben!

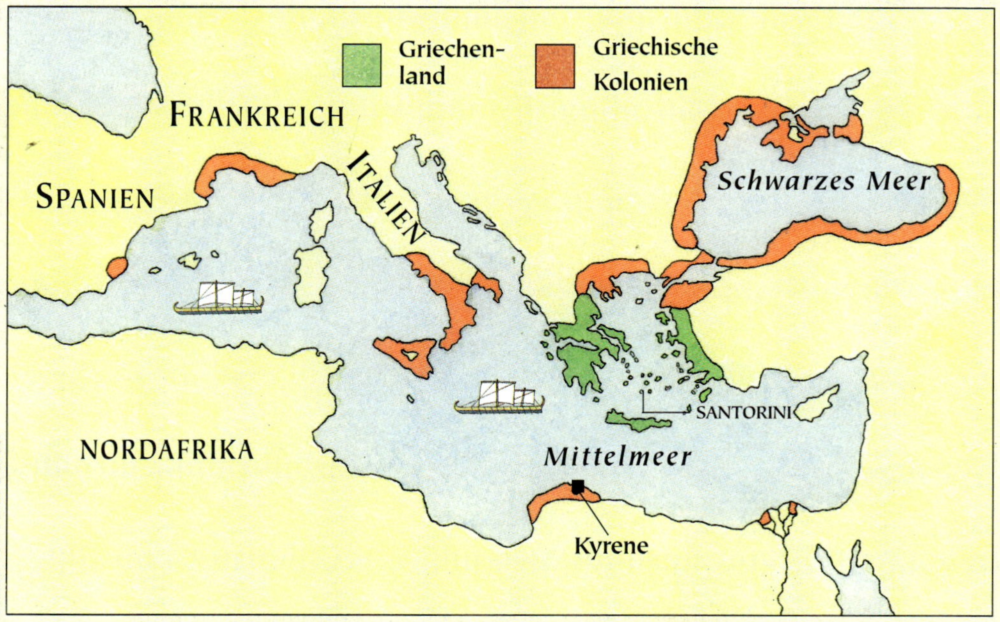

Karte von Alan Baron

Neue Heimat: Griechische Siedlungen rund um das Mittelmeer.

TYRANNEN RAUS!

Bild von Ron Tiner

Mordabsichten: Als Hippias kommt, ziehen die Mörder ihre Dolche.

Athen war nicht immer ein so mächtiger Stadtstaat wie heute. Ungefähr 500 v. Chr. war es nur ein kleiner Stadtstaat unter vielen. Dann warfen die Bürger von Athen ihren Tyrannen hinaus und nahmen die Regierung selbst in die Hand!

Die Gelegenheit kam 528 v. Chr., als die Regierung der Stadt in die Hände des mächtigen Tyrannen Hippias fiel.

Hippias erbte die Stadt von seinem Vater Peisistratos, der als guter und gerechter Herrscher galt – obwohl er als Tyrann, als Alleinherrscher, regierte.

Zuerst herrschte auch Hippias gerecht. Dann, um 514 v. Chr., wurde alles anders! Zwei Adelige aus Athen namens Harmodios und Aristogeiton hassten Hippias und seine Familie. Sie planten, den Tyrannen bei einem öffentlichen Fest zu ermorden.

Die beiden Mörder warteten mit ihrem Anschlag, bis Hippias von einer jubelnden Menschenmenge umgeben war.

Hippias entging ihren Dolchen, aber sein jüngerer Bruder Hipparchos hatte kein Glück.

Der Mord an seinem Bruder und der Anschlag auf ihn selbst veränderten Hippias gewaltig. Er war von dem Gedanken besessen, dass die Menschen ihn umbringen wollten.

Nach kurzer Zeit schon wurde jeder, den Hippias als Feind ansah, verhaftet und hingerichtet.

Unter Hippias wurde das Leben immer härter, bis die Athener es zuletzt nicht mehr aushalten konnten. Sie baten den benachbarten Stadtstaat Sparta um Hilfe.

Mit den spartanischen Soldaten im Rücken vertrieben die Athener Hippias ein für alle Mal aus der Stadt. Die Herrschaft des Tyrannen war niedergeschlagen worden!

Jetzt nahmen die Athener die Regierung selbst in die Hand.

Unter der Führung von Kleisthenes, einem gebildeten und reichen Athener, wurde der Volksversammlung mehr Macht verliehen.

ALLE MACHT DEM VOLK!

In der Volksversammlung wurde nicht mehr länger nur über Neuigkeiten des Tages geredet.

Hier trafen sich nun alle freien Männer Athens, um über die Stadtpolitik zu sprechen – jeder Mann konnte Entscheidungen befürworten oder ablehnen. Athen war eine Demokratie geworden!

Bereits nach 20 Jahren war die Stadt ein berühmter, reicher und mächtiger Stadtstaat, der von einer starken Volksversammlung regiert wurde.

Ein mächtiges Athen brauchte keinen Alleinherrscher.

Cartoon von Martin Brown

WIE ALLES ANFING

■ 499 v. Chr. rebellierten die Griechen, die unter persischer Herrschaft lebten, gegen König Darius I. Darius schlug den Aufstand nieder und begann Griechenland zu erobern.

■ Persien war damals eine Supermacht, Griechenland nur eine Ansammlung kleinerer Stadtstaaten an Persiens Westgrenze. 490 v. Chr. besiegten die Athener die Perser jedoch heldenhaft bei Marathon in Südgriechenland.

■ Darius starb vier Jahre später, 486 v. Chr., und sein Sohn Xerxes bestieg den Thron. Xerxes schwor den Griechen Rache für die demütigende Niederlage bei Marathon.

GRIECHEN IN GEFAHR

Bild von Tudor Humphries

Im Frühjahr 480 v. Chr. sah sich Griechenland vor der größten Bedrohung seit jeher. Xerxes, der König der Könige, führte das mächtige persische Heer an, um unser Land ein für alle Mal zu zerstören!

200 000 Soldaten kamen nach Griechenland, allen voran persische Elitetruppen, die berühmten »Unsterblichen«. Sie wurden unterstützt von der riesigen Flotte der persischen Kriegsschiffe.

Die persische Armee fegte über Nordgriechenland hinweg und niemand glaubte, dass sie aufzuhalten wäre.

Eine Hand voll tapferer griechischer Soldaten – hauptsächlich Spartaner – versuchte, Xerxes und seine Armee bei den Thermopylen nahe der Küste aufzuhalten. Aber nach drei Tagen brachen die Perser durch und schwärmten aus wie wütende Bienen.

Es schien sicher, dass die Stadt Athen fallen würde und Frauen und Kinder wurden hastig in Sicherheit gebracht.

Nur ein paar hundert Männer blieben zurück. Verzweifelt versuchten sie, die Stadt zu verteidigen, aber jeder einzelne von ihnen starb bei dem Versuch!

Athen wurde niedergebrannt. Sogar die prächtigen Tempel auf der Akropolis, dem Felsen im Herzen der Stadt, wurden zerstört.

In Flammen: Die Tempel Athens sind zerstört!

XERXES VERNICHTET!

Dann, im September, wandte sich schließlich das Blatt gegen Xerxes.

Die zornigen Athener, unter der brillanten Führung von Themistokles, verwickelten die persische Flotte in einen Krieg nahe der Insel Salamis und zerstörten viele ihrer Kriegsschiffe.

Wütend kehrte Xerxes nach Hause zurück. Ein Jahr später wurden seine zurückgelassenen Truppen bei Plataia vernichtet.

Die persische Bedrohung war für immer aus unserem Land verbannt worden.

UNSERE TAPFEREN JUNGS

Der tapfere Widerstand unserer Soldaten bei den Thermopylen wird niemals vergessen werden.

Xerxes' Soldaten konnten die steilen und gefährlichen Berge im Innern Griechenlands nicht überqueren und mussten den schmalen Küstenstreifen bei den Thermopylen entlangmarschieren.

Nur eine kleine Zahl von Soldaten aus Südgriechenland versuchte, ihnen den Weg abzuschneiden.

SIE TROTZTEN DEM TOD

Vor dem Kampf wurden die Griechen gewarnt, dass »die persischen Pfeile den Himmel verdunkeln würden«.

»Gut!«, antwortete der Spartaner Dienekes. »Wir kämpfen auch viel lieber im Schatten ...«

Unsere mutigen Soldaten hielten stand und kämpften bis auf den letzten Mann. Sie trotzten Xerxes' Armee volle drei Tage und töteten Tausende der besten persischen Soldaten!

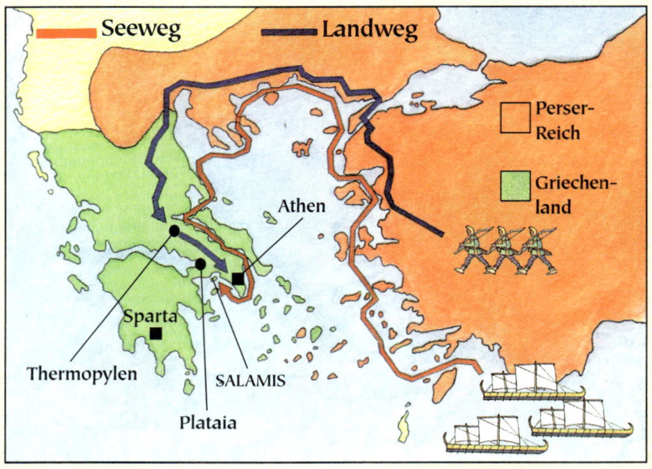

Karte von Alan Baron

Invasion: Land- und Seeweg der Perser nach Griechenland.

SPARTA GREIFT AN!

Bild von Bob Moulder

Vormarsch: Spartanische Elitetruppen nähern sich zu Tausenden der Stadt Athen.

Fast alle Teile Griechenlands waren im Krieg gegen Persien vereint. Aber nur 50 Jahre später kämpften Griechen gegen Griechen: Zwei unserer mächtigsten Stadtstaaten, Athen und Sparta, bekämpften sich bis aufs Messer!

Die Spartaner behaupteten, Athen sei zu reich und mächtig, man müsse ihm eine Lektion erteilen.

Und wer könnte das besser als Sparta, die Stadt mit den besten Kämpfern Griechenlands?

Der erste Angriff erfolgte 431 v. Chr. Die entsetzten Athener trauten ihren Augen kaum.

Hinter ihren hohen Stadtmauern sahen sie dicke schwarze Rauchwolken. Spartanische Truppen in blinkenden Rüstungen brannten Bauernhöfe nieder und holzten wertvolle Olivenhaine ab.

Die Athener waren wütend! Sie wollten eine Armee aussenden, um die Angreifer zu vertreiben.

Cartoon von Martin Brown

Aber Perikles, der Anführer der Athener, erklärte ihnen, dass die Spartaner genau das erwarteten.

Mit über 10 000 der verwegensten Soldaten konnten die Spartaner die Athener sehr leicht schlagen. Dazu mussten sie sie allerdings erst mal zum Kampf aus ihrer Stadt herauslocken.

VERHEERENDER ANGRIFF

Wie im Perserkrieg, sagte Perikles, sollte sich Athen auf seine starke Flotte verlassen.

Athenische Schiffe griffen Sparta geschickt an und Athen war für den Augenblick gerettet.

Der Krieg dauerte viele Jahre und Athen vermied immer den direkten Kampf. Aber dann machte die Stadt einen entscheidenden Fehler.

TAUSENDE TOT

415 v. Chr. versuchte Athen, Sizilien zu erobern. Das Ergebnis war verheerend: Tausende Soldaten starben und Hunderte von Kriegsschiffen wurden zerstört.

Die Spartaner nutzten Athens Schwäche und schnitten die Stadt von ihrer Einnahmequelle, den Silberminen, ab. Dann bauten sie mit Hilfe der Perser eine eigene große Flotte.

405 v. Chr. geschah das Undenkbare: Die spartanische Marine griff an und zerstörte die Flotte Athens.

Die Spartaner kreisten Athen nun zu Land und zu Wasser ein und schnitten die Stadt von der Nahrungsmittelzufuhr ab. 404 v. Chr. ergaben sich die verhungernden Athener.

Sparta war jetzt die führende Stadt – aber andere Städte holten bald auf.

Während die alten Mächte sich bekriegten, hatte sich die Welt weitergedreht.

ALEXANDER SIEGT!

Bild von Tudor Humphries

Heldenhaft! Griechische Soldaten stellen sich 326 v. Chr. der erschreckenden Macht indischer Kriegselefanten.

In 334 v. Chr. führte ein junger Mann aus Makedonien in Nordgriechenland eine Armee nach Asien und veränderte unsere Welt für immer. Er hieß Alexander und war der größte griechische Herrscher.

Alexander war erst 20 Jahre alt, als er sein Königreich von seinem Vater erbte. Philipp II. hatte unser ganzes Land unter makedonische Kontrolle gebracht, aber nur wenige Städte akzeptierten seinen Sohn als ihren neuen Herrscher. Alexander brachte die Städte mit Charme und grausamen Drohungen unter seine Herrschaft. Dann, im Jahr 334 v. Chr., hatte er ehrgeizigere Pläne.

Alexander führte eine Armee aus allen Teilen Griechenlands nach Persien. Er reiste nach Ägypten und befreite es von den Persern. Dann zog er durch das persische Reich und beraubte es für immer seiner Macht.

Im Jahr darauf zog Alexander mit seiner Armee nach Osten durch Asien und eroberte bis 326 v. Chr. ein Gebiet, das sich bis ins legendäre Indien erstreckte.

Aber Alexanders Truppen sahen sich nun vor einer erschreckenden Bedrohung: Hunderte von indischen Kriegselefanten wurden gegen sie eingesetzt.

Unsere Helden besiegten diese Elefanten, aber sie waren heimwehkrank und kriegsmüde und wollten nicht weitergehen.

Alexander kehrte zögernd nach Babylon zurück und begann, ein neues Reich zu planen.

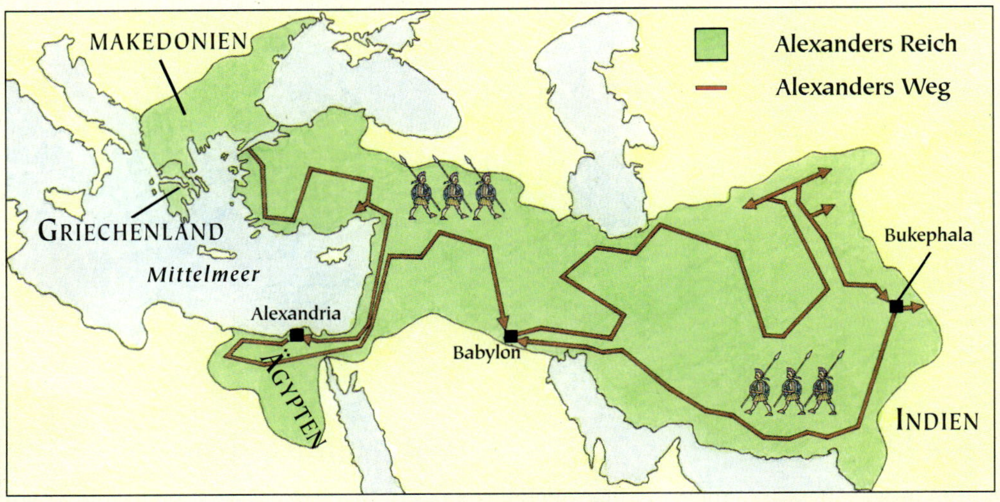

Karte von Alan Baron

Alexanders Reich: In seiner Blüte erstreckte es sich von Persien bis Indien.

TOD EINER LEGENDE

Geschwächt durch Kriegswunden, erkrankte Alexander jedoch bald an einem Fieber. Am 10. Juni 323 v. Chr. starb dieser brillante junge Herrscher.

Nach Alexanders Tod zerfiel sein riesiges Reich und wurde in einzelne Königreiche aufgeteilt, die seine Generäle regierten.

Aber eines verbindet diese fernen Länder immer noch: unsere griechische Sprache und Kultur, das Geschenk Alexanders und seiner Armee.

Bericht von der indischen Front 326 v. Chr.

PFERDE-STADT!

Alexander hat eine neue indische Stadt nach seinem Pferd Bukephala genannt.

Alexander war 11 Jahre alt, als er sein Pferd Bukephalos bekam. Nur er konnte es zähmen.

Das Pferd wurde bald als das Schlachtross seines Herrn berühmt und nun geht sein Name in die Geschichte ein.

EIN IDEALER GRIECHE?

Wir alle kennen ja den idealen Griechen, oder nicht? Für manche ist er ein guter Redner, der die Menschen überzeugen kann. Für andere ist er eher ein Mann der Tat, der wenig Worte macht. Unser Quiz zeigt, zu welchem Typ Sie gehören.

1 Der Sklave eines Nachbarn ist geflohen.
a) Haben Sie Mitleid und verstecken ihn?
b) Helfen Sie Ihrem Nachbarn, ihn zu finden und auszupeitschen?
c) Geht Sie das alles nichts an?

2 In Ihrer Stadt ist ein wichtiges religiöses Fest.
a) Nehmen Sie teil und opfern den Göttern wertvolle Dinge?
b) Beklagen Sie sich, dass das Geld besser für neue Häuser benutzt würde?
c) Nehmen Sie sich frei und fahren aufs Land?

3 Ein Krieg gegen Ihre Stadt könnte jederzeit ausbrechen, aber Ihr fauler Sohn will nicht lernen, mit Waffen umzugehen.
a) Sagen Sie ihm, Kämpfen sei Zeitverschwendung und er solle sich lieber amüsieren?
b) Zwingen Sie ihn, zu kämpfen wie ein Mann?
c) Sagen Sie ihm, er solle lieber im Familiengeschäft Geld verdienen?

4 Ihr Hauptgegner ist ein mächtiger Mann, aber Sie wissen, dass er sein Vermögen aus öffentlichen Mitteln zieht.
a) Streiten Sie mit ihm, wenn Sie ihn das nächste Mal treffen?
b) Schicken Sie Ihre Sklaven, damit sie ihn zusammenschlagen?
c) Ziehen Sie mit ihm vors Gericht, damit er für sein ungesetzliches Verhalten bestraft wird?

Für jede richtige Antwort gibt es einen Punkt.

■ 1b: Unser Land würde ohne Sklaven nicht überleben; unser aller Interesse ist, Entlaufene wieder einzufangen.

■ 2a: Jeder Grieche muss die Götter respektieren und ihnen opfern, sonst könnten sie ärgerlich werden und die ganze Stadt bestrafen.

■ 3b: Stadtstaaten brauchen ihre Bürger zum Schutz gegen Feinde. Alle jungen Männer sollten kämpfen lernen.

■ 4c: Wenn unsere Bürger sich streiten, werden unsere Städte zu leichter Beute für die Feinde. Jeder Zwist sollte vor Gericht geklärt werden, wo alle Bürger für oder gegen den Angeklagten stimmen können.

WIE VIELE PUNKTE?

0	Sie verdienen es, von Piraten gefangen zu werden und als Galeerensklave zu schwitzen!
1-2	Sie sind selbstsüchtig und sollten versuchen ein besserer Bürger zu werden.
3	Sie machen Ihrer Stadt Ehre und verdienen Lob.
4	Sie sind ein Held und ein besserer Bürger als manch einer unserer Politiker!

TISCH-GESPRÄCHE

Dieser Artikel wurde uns von einem athenischen Kaufmann geschickt und beweist einmal mehr, dass wir Griechen Politik über alles lieben!

Mit einer Gruppe Kaufleute aus Athen gab ich kürzlich ein Fest für einige ägyptische Händler.

Unsere Gäste genossen das Essen, aber als unsere Gespräche politisch wurden, waren sie erstaunt.

IHR SEID SO LANGWEILIG!

»Ihr Griechen redet immer über Politik«, sagte einer. »Ihr seid so langweilig! Und eure Städte haben auch noch alle ein anderes Regierungssystem!«

»Nun«, sagte ich, »es ist doch ganz einfach. Da gibt es die Monarchie mit einem König, allerdings haben die Spartaner zwei.

Dann gibt es die Aristokratie, also die Herrschaft Adeliger. Und wenn einer die alleinige Macht hat, nennen wir ihn Tyrannen.

Wie Sie wissen, haben wir hier in Athen eine Demokratie, hier regiert das Volk ...«

»Das Volk? Sie meinen wohl, der Pöbel!«, unterbrach mich mein Gast unhöflich.

»O nein, nein!«, wider-

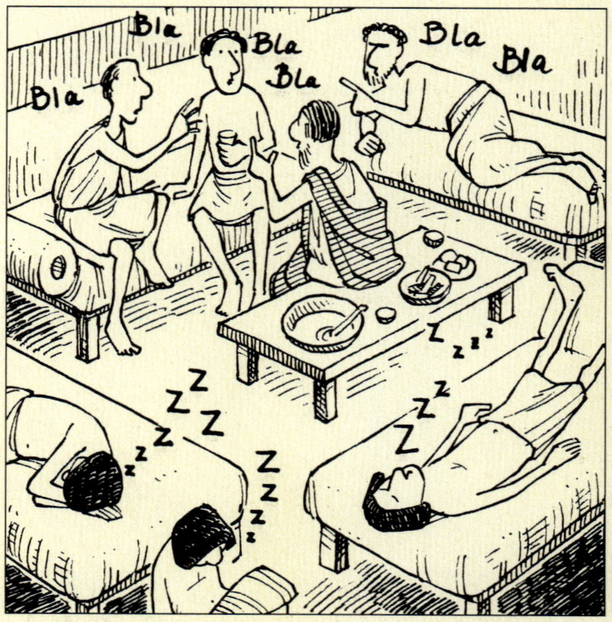

Cartoon von Martin Brown

Schlimmer als der Tod: Ein langweiliger Redner wird von Sklaven der Volksversammlung weggeschleppt.

sprach ich. „Es dürfen nicht alle abstimmen – Frauen nicht, Sklaven nicht … nur freie Männer. Ungefähr 40 000 Athener haben ein Stimmrecht, wissen Sie, und 6 000 von uns dürfen zu wirklich wichtigen Treffen der Volksversammlung gehen, wo wir entscheiden, wie wir handeln werden. Die Volksversammlung trifft sich fast jede Woche. Zuvor hat eine Gruppe von 500 Männern schon entschieden, worüber geredet wird.

REDEFREIHEIT

Wer will, kann aufstehen und sagen, was seiner Meinung nach getan werden sollte, ob es um eine Gesetzesänderung oder einen Kriegszug geht. Natürlich sind einige Redner besser als andere. Manchmal wird einer so lange ausgebuht, bis er weggeschleppt wird. Aber am Ende heben wir alle unsere Hände und stimmen ab. Es macht Spaß – und es ist fair!“

Laute Schnarcher machten mir in diesem Augenblick klar, dass meine ägyptischen Gäste eingeschlafen waren.

Einige Leute haben einfach keine Ahnung von den wirklich wichtigen Dingen des Lebens.

FEHLEN DIE WORTE?

WIR WISSEN DIE ANTWORT!

IN UNSERER WELTBERÜHMTEN REDNERSCHULE HABEN WIR NOCH FREIE PLÄTZE FÜR JUNGE MÄNNER. KANDIDATEN SOLLTEN EINE UMFASSENDE BILDUNG BESITZEN UND AUS GUTEM HAUSE KOMMEN. DAS ERLERNEN EINES KLAREN UND DEUTLICHEN REDESTILS ERMÖGLICHT EINE KARRIERE BEI GERICHT, IN DER VOLKSVERSAMMLUNG ODER IN DER ARMEE.

PERSÖNLICHE BEWERBUNGEN BEIM SEKRETÄR DER SCHULE, MILETOS

SAG ES LAUT UND DEUTLICH!

Bild von Ron Tiner

Für die meisten jungen Athener kann die erste Rede vor der Volksversammlung zu einer entmutigenden Erfahrung werden. Hier fünf Tips für erfolgreiche Redner:

- Alle älteren Männer werden zuerst sprechen. Warte ruhig ab und plane, was du sagen willst.
- Wenn du zu keiner mächtigen Familie gehörst, wird man dir weniger zuhören. Sprich nur über Dinge, von denen du etwas verstehst.
- Kümmere dich nicht um Spott und Hohn. Alle freien Athener (außer Sklaven, natürlich) haben das Recht, vor der Volksversammlung zu sprechen.
- Beende deine Rede mit einem geistreichen Satz, damit sich die Leute an dich erinnern.
- Gib vor allem niemals auf. Die Sklaven der Volksversammlung schleppen einen langweiligen Redner nicht oft weg. Wenn du etwas zu sagen hast und es laut und deutlich sagst, wird man dir zuhören.

KRIEGSZUG!

Bild von Ron Tiner

Ducken und verteidigen: Hopliten bereiten sich auf eine Attacke vor.

Dichter und Politiker preisen den unglaublichen Mut und die Disziplin unserer Soldaten. Aber wie ist es wirklich, wenn man dem Feind ins Auge sieht? Ein Überlebender vieler Schlachten berichtet.

Ich erinnere mich gut daran, wie stolz ich war, als ich zum ersten Mal mit anderen jungen Männern in den Krieg zog.

Meine teure Rüstung zeigte, dass ich einer der schwer bewaffneten Fußsoldaten, der Hopliten, aus reicher Familie war. Ich war 18 Jahre alt und hatte natürlich für diesen Moment trainiert, seitdem ich ein kleiner Junge war.

ZUM KAMPF BEREIT

Ich begann mit Boxen und Ringen. Dann, als ich älter war, gab es den ganzen Tag Waffenausbildung in der sengenden Sonne.

»Entspannen! Speer heben! Ducken und verteidigen ...«

Am Tag des Kampfes war mir schlecht vor Angst. Aber es half mir, dass meine Freunde neben mir waren; wir Hopliten hatten immer in derselben Mannschaft trainiert.

Die Flötenspieler fingen an zu spielen und Tausende sangen das Kampflied. Wir marschierten direkt auf die Reihen der Gegner zu, Schulter an Schulter, mit erhobenen Schilden, bereit, auf Befehl sofort mit dem Speer zuzustechen.

Kämpfen ist nicht so, wie die Dichter es besingen. Es ist schmutzig und hässlich. Stahl auf Stahl, die sirrenden Pfeile, Schreie und Stöhnen, Schweiß und unerträgliche Schmerzen.

Nach dem Kampf muss man die Verwundeten auf ihren Schilden vom Schlachtfeld tragen und tote Freunde begraben. Dann kommt der ermüdende Marsch nach Hause.

WIR WERDEN UNS ERINNERN

O ja, man feierte uns als Helden und heute sind wir angesehene Leute. Aber ich vergesse niemals meine toten Freunde, die so jung sterben mussten.

Ich erinnere mich immer noch an unseren Eid. Er fing so an:

»Ich werde jeden Tag kämpfen und bereit sein, mein Leben für die Freiheit zu opfern.«

GEÄNDERTE KRIEGSFÜHRUNG

Würde ein Soldat aus den Perserkriegen unsere Art zu kämpfen wieder erkennen? Wir fragten einen erfahrenen Befehlshaber ...

- **Die Rüstung hat sich nicht sehr verändert: Beinschienen aus Bronze und ein Brustharnisch aus Bronze oder steifem Leinen, das mit kleinen Metallplättchen verstärkt ist.**

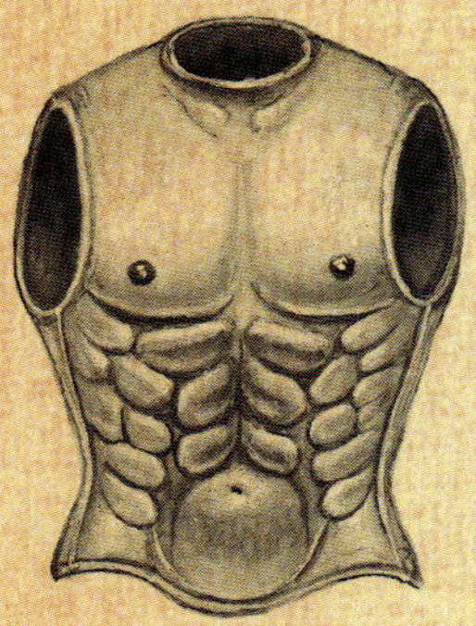

Brustharnisch aus Bronze

- **Gebogene einschneidige Säbel sind heute beliebter als die ziemlich altmodischen zweischneidigen Schwerter.**

Spitzes Schwert und gebogener Säbel

- **Damals in den Perserkriegen waren die Fußsoldaten, die Hopliten, für unsere Armee sehr wichtig. Heute werden mehr Bogenschützen und Reiter eingesetzt. Wir kämpfen sogar auf Kriegselefanten wie die Krieger im fernen Indien.**

Bilder von George Thompson

EIN SEEBÄR ERZÄHLT

Bild von Bob Moulder

Perfekte Position: Eine Triere rammt erfolgreich ein feindliches Schiff.

Mancher Kampf hing von unseren Schiffen, den Trieren, ab; sie sind die Stütze unserer Marine. Hier lüftet ein Seekapitän das Geheimnis, wie man einen Seekrieg gewinnt.

? Wer ist der wichtigste Mann an Bord?

Ohne klugen Kapitän geht es nicht. Er muss vorausdenken, um sein Schiff in die richtige Stellung zu bringen.

Dann kann er den riesigen bronzenen Rammsporn vorne am Boot unter Wasser benutzen. Er rammt das feindliche Schiff in die Seite, wo das Holz am schwächsten ist. Das feindliche Schiff sinkt und die Mannschaft ertrinkt.

? Kann man das andere Schiff immer rammen?

O nein! Manchmal verkeilen sich die Trieren. Dann kommt es ganz auf das Geschick der Kämpfer an: Bogenschützen schießen Pfeile, Soldaten stürmen das feindliche Schiff. Die Ruderer können sich nur hinter Ledervorhängen verstecken.

? Was also zählt, ist die richtige Position des Schiffes?

Genau. 170 Ruderer in jedem Schiff legen sich mit ganzer Kraft in die Riemen. Ohne den Flötenspieler, der ihnen den Rhythmus zum Rudern gibt, gäbe es ein großes Durcheinander!

? Kann man den Marinedienst empfehlen?

Aber sicher! Alle Männer bekommen einen täglichen Lohn; so viel wie ein guter Handwerker.

Und sie können stolz darauf sein, in der besten Marine der Welt zu dienen.

TRIEREN: EINIGE DATEN

Durchschnittsgeschwindigkeit:	9 km pro Stunde
Höchstgeschwindigkeit:	15 km pro Stunde
Ruderkraft:	3 Decks auf jeder Seite
	31 Ruder ganz oben
	27 Ruder Mitte und unten
	Insgesamt: 170 Ruder

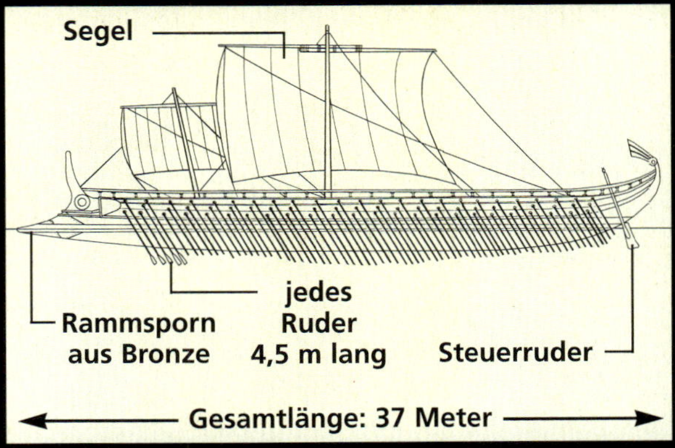

Bild von Peter Morter

DAS LAND DER TAPFEREN

Bild von Christian Hook

Starke Männer, starke Frauen, starke Worte und starkes Essen – das ist der Ruf der Spartaner. Aber wie viel wissen die Griechen über dieses Land? Wir haben unseren Reiseberichterstatter hingeschickt.

Wir alle wissen, dass Spartaner die besten Kämpfer Griechenlands sind.
Man kann sich also meine gemischten Gefühle vorstellen, mit denen ich in dieses südliche Königreich gefahren bin. Was würde ich da finden?
Nun, das Land ist angenehm, aber das Essen absolut ungenießbar. Und die Leute? Die sind eisenhart.
Natürlich ist Kämpfen wichtig für alle griechischen Bürger, aber Spartaner sind vom Krieg gerade-

Cartoon von Martin Brown

zu besessen.
Gerade sieben Jahre alt, werden die Jungen fern von ihren Müttern in ein Trainingslager gesteckt.

Sie leben dort, leiden Hunger und Kälte und man zwingt sie, barfuß zu gehen. Sie ertragen Schmerzen und gehorchen allen Befehlen ohne Widerworte.
Man bestraft spartanische Jungen nicht dafür, dass sie stehlen, sondern dafür, dass sie sich erwischen lassen.
Und sogar als Erwachsene leben die Spartaner immer noch in Zeltlagern, weit weg von ihren Frauen und Kindern.
Aber trotz allem wird nicht jeder zum Held. Und es gibt in Sparta eine besonders harte Bestrafung für Feiglinge.
Ein Feigling wird Zitterer genannt und muss lächerliche Kleidung und einen einseitigen Bart tragen. Wenn den andern danach ist, dürfen sie einen Zitterer jederzeit schlagen.

STARKE MÄDCHEN

Und die Mädchen? Sie werden in Sparta im Laufen und Springen trainiert und sogar im Ringen.
Und wie die Männer ziehen sie bei der Leichtathletik alle Kleider aus! Können Sie sich ein anderes griechisches Mädchen vorstellen, das so etwas täte? Die meisten wären schon bei dem Gedanken daran entsetzt.
Die Spartaner trainieren die Jungen für den Krieg, die Mädchen für das Gebären.

Schmerz, Kälte, Hunger, Leiden – das ist das Leben in Sparta. Die Menschen dort glauben wirklich, dass die guten Dinge des Lebens faul und feige machen.
Mein Rat: Man sollte nicht nach Sparta gehen, wenn man nicht muss.

Spartas Stolz: Ein Krieger trägt den berühmten Roten Ehrenmantel.

SIEGE AUF UNSERE ART

Bild von Nicky Cooney

Jedes Ding hat zwei Seiten, also fragten wir von der *Griechischen Zeitung* einen Spartaner, was er über sein Land denkt.

Ihr Reporter verhöhnt unsere Bräuche und beleidigt unsere Frauen, aber wir werden uns deshalb nicht ändern.
Der Rest Griechenlands ist einfach neidisch auf unsere Tapferkeit.

Der berühmte Kampf bei den Thermopylen zum Beispiel! Dazu gibt es eine schöne Geschichte: Die Perser versuchten, unsere Frontlinie auszuspionieren. Aber hatten unsere Soldaten Angst vor dem Kampf? Nein! Unsere Männer unterhielten sich und kämmten völlig unbekümmert und gelassen ihre langen Haare aus. Das ist wirklicher Mut!

DAS LEBEN IST HART

Ist es so schlimm, wenn wir unsere Kinder nicht verhätscheln wollen? Das Leben ist hart. Je eher wir uns daran gewöhnen, desto besser.
Wissen Sie, wie wir den Jungen Tapferkeit beibringen? Wir legen Käse auf den Altar der Göttin Orthia und peitschen jeden Jungen, der ihn holen will. Wer den Käse erwischt, kann Schmerzen aushalten.
Kein Zweifel, unsere Methoden haben Erfolg! Jeder weiß, dass spartanische Jungen die besten Kämpfer Griechenlands werden.
Wir brauchen keine Steinmauer zum Schutz unserer Stadt. Wir haben etwas viel Besseres zu unserer Verteidigung: die tapferen Männer, Frauen und Kinder Spartas.

Kraftprobe: Spartanische Jungen bei einem Tapferkeitstest.

AUFSTIEG UND FALL

- **Um 600 v. Chr. wurde Sparta zu einem mächtigen Stadtstaat, als es das Nachbarland erobert hatte und seine Bewohner zu Sklaven machte.**
- **Spartas Bürger dürfen bei der Regierung ihres Staates nicht mitreden, denn es gibt keine Demokratie. Nicht nur ein König, sondern zwei regieren Sparta.**
- **431 v. Chr. führte Sparta einen langen Krieg mit Athen. Sparta gewann 404 v. Chr. und wurde der mächtigste Stadtstaat Griechenlands.**
- **Aber 369 v. Chr. eroberte die Stadt Theben das meiste spartanische Land. Sparta blieb eigenständig, aber seine Stärke war endgültig gebrochen.**

ANDERE SITTEN

Die alten Bekanntmachungen zeigen, dass Sparta immer schon ein ungewöhnlicher Staat war.

FEIGHEIT

hat keinen Platz in Sparta! Aristodamos, dem vor dem Kampf bei den Thermopylen schlecht wurde, ist nun ein Zitterer und eine Schande für uns. Keiner soll seine Schwestern oder Töchter heiraten.

SKLAVEN ENTLAUFEN

Zwei männliche Sklaven, zuletzt bei den Bergen gesehen. Bringt sie nicht zurück, erschlagt sie sofort!

RESPEKTABLER BÜRGER SPARTAS

ist verletzt worden und kann keine eigenen Kinder mehr haben. Seine Frau kann immer noch Kinder für Sparta bekommen. Das Paar sucht einen gesunden Mitbürger, der Vater ihrer Kinder werden möchte.

Persönliche Bewerbungen bei den Königen.

NUR DAS ALLERBESTE!

Karte von Peter Morter

Es gibt keinen Zweifel – griechische Waren sind die besten der Welt. Warum sind dann unsere Märkte mit ausländischen Gütern überflutet?

Nun, zum einen lieben wir Griechen den Luxus im Leben.

Wir mögen gutes Essen, wie Datteln und Mandeln aus Asien. Oder exotische asiatische Parfüms, ganz zu schweigen von wunderschönen Teppichen aus Afrika. Unsere Handwerker schwören auf ausländische Waren; die schönsten Schmuckstücke sind aus spanischem Silber gemacht.

Und wo wären unsere Schiffsbauer ohne das Holz aus anderen Ländern?

Aber wichtiger noch sind die Grundnahrungsmittel, die wir nach Griechenland holen müssen.

Getreide können wir in unserem trockenen und felsigen Land nur schwer anbauen. Ohne Korn vom Schwarzen Meer würden wir verhungern!

Es gibt also viele Gründe für unseren Bedarf an ausländischen Waren. Und für uns ist es ein Segen, dass unsere Güter im Ausland so beliebt sind, denn mit dem Geld bezahlen wir eingeführte Waren.

Wir sind für unsere Weine und unser Olivenöl berühmt – sie werden rund um das Mittelmeer überallhin verschifft.

Unsere feinen Töpfer- und Metallwaren werden sogar von den Barbaren im fernen England gekauft.

Durch den guten Verkauf unserer Güter im Ausland können wir uns das Beste für uns selbst leisten. Und nur das ist gut genug.

SKLAVENHANDEL

Illustration von Ron Tiner

Schnelles Geld: Sklaven verkaufen sich gut bei uns.

Sie wollen schnelles Geld mit Sklavenhandel machen? Wir zeigen die Vor- und Nachteile.

Zuallererst tut man seinem Land einen Gefallen. Was wären wir ohne Sklaven? Wer würde all die Dreckarbeit machen?

KEINE VERLUSTE

Die Nachfrage nach Sklaven besteht immer, also verliert man kein Geld. Reiche Familien brauchen 50 oder mehr Sklaven pro Haushalt, sogar die ärmsten Bauern brauchen einen oder zwei. Wenn man nicht alle Sklaven in Familien unterbringen kann, gibt es immer noch die Silberminen.

Sklaven in Haushalten werden oft zu freundlich behandelt, aber Bergleute sind durch die harte Arbeit schnell verbraucht. Ersatz wird also immer gebraucht – gute Geschäfte für Sie!

Aber kein Handel ohne Probleme. Sklaven laufen weg und müssen wieder eingefangen und gebrandmarkt werden.

Sie müssen den Transport und die Nahrung bezahlen, bis die Sklaven verkauft sind.

Aber es ist nicht schwierig, an gesunde neue Sklaven zu kommen. Ein steter Vorrat kommt immer aus dem Ausland.

Und in Kriegszeiten ist der Markt immer voll von Gefangenen. Kaufen Sie am besten griechische Sklaven, denn sie bringen das meiste Geld.

Unser Rat also: Wenn Sie Geld übrig haben, kaufen Sie Sklaven!

GELD SPAREN!

Jede griechische Stadt prägt ihre eigenen Münzen. Woher will man wissen, welche echt sind? Die *Griechische Zeitung* stellte es fest.

Silberne Eule aus Athen

Goldener Pegasus aus Lampsakos

Silberne Biene aus Ephesos

Silberne Amphore aus Theben

Goldener Apollon aus Makedonien

Silberner Stier aus der italienischen Kolonie Thurioi

Bilder von Sarah Fox-Davies

SKLAVENMARKT IN PRIENE

Zum Vergleich: ein Handwerker verdient 1 bis 2 Drachmen pro Tag.

- Gesunder kleiner Junge, ausbildungsfähig, 80 Drachmen
- Junge griechische Frau, gute Weberin, 160 Drachmen
- Mann, um 30, für Schwerarbeit zu gebrauchen, 180 Drachmen
- Mann, 35, geschickter Vasenmaler, 270 Drachmen

OLYMPISCHE SPIELVERDERBER

Bild von Alan Langford

Vom Pech verfolgt. Hat jemand vor dem Rennen am Wagen herumgepfuscht?

Die Olympischen Spiele sind religiöse Feste, aber sie werden allzu oft durch Regelverstöße verdorben. Wir sehen uns das näher an.

Der alle vier Jahre stattfindende berühmte Wettbewerb in Olympia ist der beste Anlass für die Griechen, Zeus, dem mächtigsten der Götter, ihre Verehrung zu zeigen.

SPIELE STATT KRIEGE

In dieser Zeit wird kein Krieg geführt, so dass Tausende von Menschen zu den Spielen reisen können. Manche kommen sogar aus den griechischen Kolonien: vom Schwarzen Meer, aus Ägypten und aus Spanien.

Aber das Fest wird in zunehmendem Maße von hässlichen Szenen verdorben. Man muss sich nur die Bußstatuen von Zeus rund um Olympia ansehen. Jede dieser Statuen wurde von einem unfairen Wettkämpfer bezahlt.

Kritiker sagen, dass die Preise für die Gewinner zu hoch sind. Die Preise, die bei den Spielen verteilt werden, sind klein – einfache Ölzweige –, aber zu Hause werden die Sieger wie Helden behandelt.

Sie bekommen Geld und man überhäuft sie mit Geschenken und den besten Speisen und Getränken. Kein Wunder, dass so viele Athleten um jeden Preis gewinnen wollen.

Aber ursprünglich waren die Spiele dazu gedacht, unsere Männer für den Krieg auf der Höhe ihrer Kondition zu halten.

Sicher ist es nicht so wichtig zu siegen; wenn unsere Männer stark sind und uns verteidigen können, ist jeder Grieche ein Sieger.

Bericht aus Olympia, 396 v. Chr.

FRAU GEWINNT!

Frauen ist bei Todesstrafe verboten, an den Olympischen Spielen teilzunehmen. Aber der Preis fürs Wagenrennen ging dieses Jahr an eine Frau – Besitzerin des Siegergespanns war Kyniska von Sparta!

ABLAUF DER SPIELE

DER VORTAG: Frühe Ankunft ist wichtig. Schon bei Sonnenaufgang wird es am ersten Tag unmöglich sein, noch einen Stehplatz zu bekommen.

1. Tag: Die Athleten besuchen den Zeus-Tempel. Sie schwören hier einen Eid, dass sie seit zehn Monaten trainiert haben und die Regeln befolgen werden.

2. Tag: Die Athleten können nach einer prächtigen Prozession beim Wagenrennen bewundert werden.

3. Tag: 100 Ochsen werden Zeus auf dem Großen Altar geopfert, danach beginnen die Wettläufe. Abends gibt es ein großes Fest.

4. Tag: Boxen und Ringen und zuletzt der Wettlauf in voller Rüstung.

5. Tag: Die Zeit für Feste und Feiern. Die Sieger werden mit Olivenzweigen bekränzt.

Bild von John Le Brocq

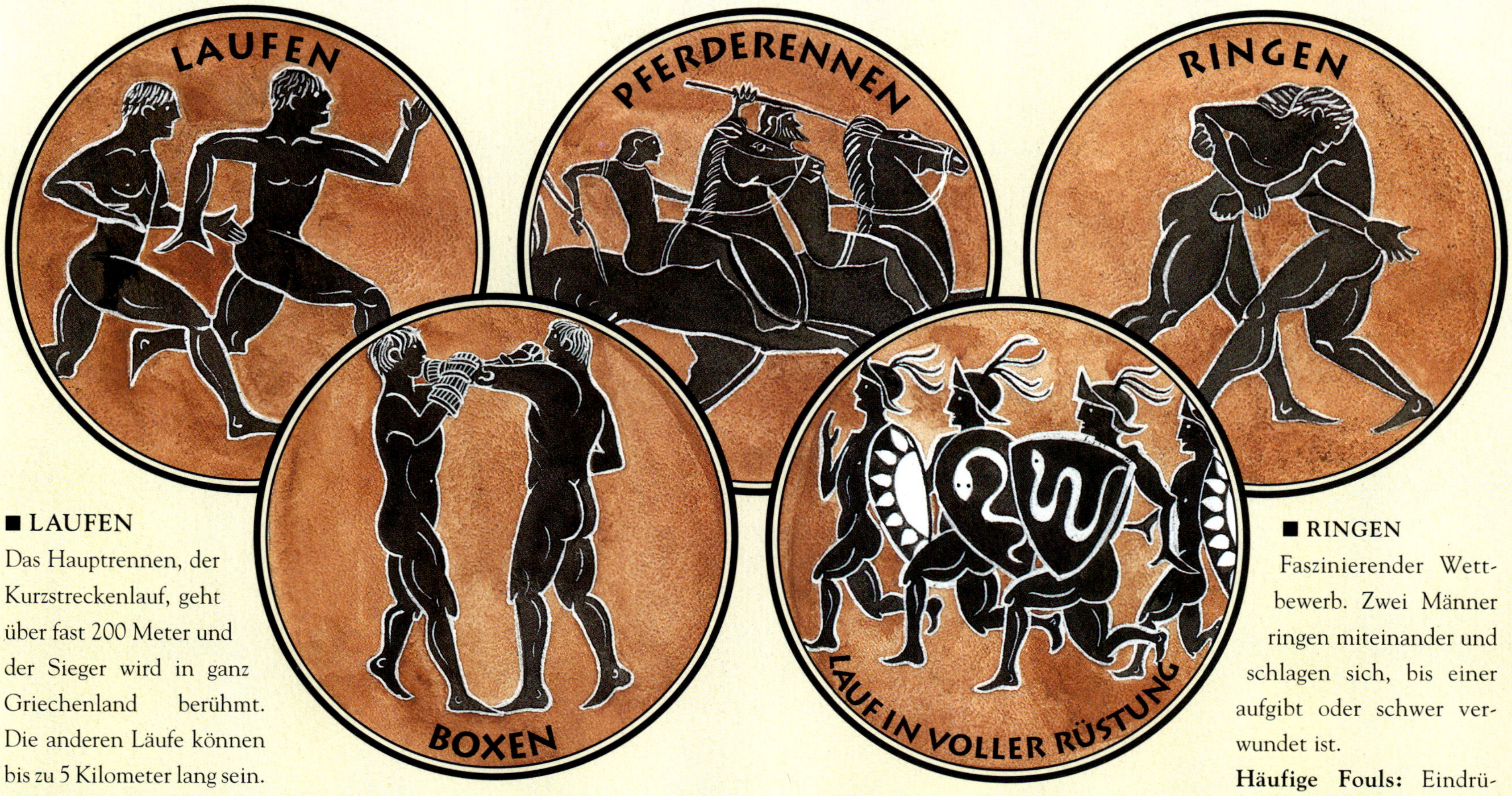

DIE WETTKÄMPFE

Bilder von Nicky Cooney

■ **LAUFEN**

Das Hauptrennen, der Kurzstreckenlauf, geht über fast 200 Meter und der Sieger wird in ganz Griechenland berühmt. Die anderen Läufe können bis zu 5 Kilometer lang sein. **Häufige Fouls:** Andere Läufer beim Überholen schneiden, zu Fall bringen oder zur Seite stoßen.

■ **WAGENRENNEN**

Ob zwei oder vier Pferde, das Rennen ist aufregend und beängstigend. Bei so vielen Pferden und Wagen, die über die Bahn donnern, gibt es immer Unfälle, manchmal tödlich für die Fahrer. Statt dieser tapferen Männer bekommt der Pferdebesitzer den Preis.
Häufige Fouls: Gegnerische Wagen schneiden, besonders in der Kurve. Vor dem Rennen werden Wagen oft so beschädigt, dass sie auseinanderfallen.

■ **BOXEN**

Jeder Kämpfer muss Schläge aushalten und auch Schnitte, die durch die eng um die Fäuste gewickelten Lederriemen verursacht werden.
Häufige Fouls: Schläge in den Unterleib, den Gegner zu Fall bringen und schlagen, wenn er stolpert und fällt.

■ **PFERDERENNEN**

Ein sehr gefährlicher Sport. Der Boden ist bereits so zerfurcht von den Wagenrennen, dass Reiter riskieren, abgeworfen und getötet zu werden.
Häufige Fouls: Verletzen der Rennpferde vor dem Rennen. Deshalb müssen die Pferde sorgfältig bewacht werden.

■ **LAUF IN VOLLER RÜSTUNG**

Viel Kraft ist nötig, um zu laufen und gleichzeitig einen Schild und den schweren Metallhelm eines Hopliten zu tragen.
Häufige Fouls: Den Schild in den Gegner rammen, um ihn zu Fall zu bringen.

■ **RINGEN**

Faszinierender Wettbewerb. Zwei Männer ringen miteinander und schlagen sich, bis einer aufgibt oder schwer verwundet ist.
Häufige Fouls: Eindrücken der Augen des Gegners mit dem Daumen, wenn sein Kopf vom Schiedsrichter weggedreht ist. Beißen ist auch sehr beliebt.

■ **SPEER UND DISKUS**

Der Athlet muss sehr geschickt den besten Wurfwinkel finden und genau wissen, wann er den Speer oder Diskus loslassen muss.
Häufige Fouls: Beim Werfen über die Markierung treten.

■ **WEITSPRUNG**

Es ist schwierig, zu springen und gleichzeitig Gewichte zu schwingen, die dem Körper mehr Antrieb geben sollen.
Häufige Fouls: Listige Athleten fallen bei der Landung lang hin, um den Schiedsrichter zu verwirren.

Anspannung: Speerwerfer, Diskuswerfer und Weitspringer bei ihren Disziplinen.

FRAUEN ANTWORTEN

Der Platz einer Frau ist am Webstuhl. Oder nicht? Wir fragen zwei Frauen nach ihrer Meinung.

Die erste Frau ist aus Rhodos und ist seit zehn Jahren verheiratet.

? Sind Sie glücklich verheiratet?
Nun, manchmal reicht es mir schon. Mein ganzes Leben scheint sich im Haushalt abzuspielen, wo ich den Sklaven befehle oder auf die Kinder aufpasse.
Ich beneide meinen Mann. Er ist oft fort zur Arbeit oder geht aus essen. Ich kann das nicht!
Ich sehe eigentlich niemanden. Ich muss immer im Frauenbereich bleiben. Wenn mein Mann Freunde zum Essen einlädt, darf ich nicht dabei sein.

? Aber Sie gehen doch manchmal aus dem Haus?
Nur sehr selten zu religiösen Festen.

? Aber macht der Haushalt einer Frau nicht genug Arbeit?
Frauen können mehr, als Männer meinen! Es gibt Frauen, die außerhalb des Hauses arbeiten, als Händlerinnen oder Hebammen. Es gibt auch berühmte Dichterinnen, wie Sappho.

? Sollten Frauen ein politisches Mitspracherecht haben?
Nun, offensichtlich wollen die Männer das nicht. Wir dürfen keine Reden halten oder mit abstimmen. Sie vergessen wohl, dass es schon Herrscherinnen in Griechenland gegeben hat.

? Haben Sie einen Ratschlag für jüngere Frauen?
Genießt eure Jugend. Wenn ihr erst mal verheiratet seid, gibt es nur Haushalt und Kinder!

Bild von Christian Hook

Hausarbeit: Ein Haushalt erfordert viel Zeit.

VERKAUF VON WEBSTÜHLEN

Unsere Webstühle aus zweiter Hand sind so gut wie neu und halb so teuer.

Wir führen auch alle Artikel zum Spinnen der feinsten Garne.

Der Webstuhl
Hafentor
KORINTH

TÖPFCHEN

FÜR IHR BABY NUR DAS BESTE! UNSERE KERAMIKTÖPFCHEN SIND HALTBAR UND BEQUEM – SIE GEHÖREN IN JEDEN HAUSHALT.

Der Töpferladen, neben dem Theater, Epidauros

Die zweite Frau, die wir befragten, sah das Leben völlig anders. Sie ist vierzehn Jahre alt, kommt aus Theben und heiratet bald einen reichen dreißigjährigen Mann.

? Freuen Sie sich auf Ihre Hochzeit?

Ja, natürlich! Schon seitdem mein Vater sie vor vier Jahren abgemacht hat.

Die Hochzeit ist der wichtigste Tag im Leben eines Mädchens. Ich kann kaum erwarten, der Göttin Artemis meine Spielsachen zu opfern; sie beschützt alle jungen Frauen.

Ich werde mein feinstes Leinengewand und meinen Schmuck am Festtag tragen; wir werden singen, tanzen und feiern.

Ich freue mich auch darauf, meinen Mann das erste Mal zu sehen. Bis jetzt kennt ihn nur mein Vater. Aber er kommt aus einer guten Familie.

? Was erwarten Sie von der Ehe?

Ein ruhiges Leben. Mein Mann wird alles entscheiden und für mich sorgen. Und ich habe ein richtiges Leben als Ehefrau und Mutter.

Ich werde meinem Mann dienen und seinen Haushalt gut führen, schönes Tuch weben und das beste Essen zubereiten.

Und ich möchte Kinder haben.

? Möchten Sie lieber einen Jungen oder ein Mädchen?

Einen Jungen! Jede Mutter will einen Sohn, der seinem Land dient und Reichtum und Ruhm nach Hause bringt.

Wenn die Götter mir ein Mädchen schenken, werde ich sie lehren, selbst eine gute Ehefrau zu sein.

? Haben Sie vor etwas Angst in Ihrem Leben?

Ja, Kinder zu bekommen ist gefährlich und viele Frauen sterben dabei!

Aber trotzdem möchte ich viele Kinder bekommen. Dann können sie sich um uns kümmern, wenn wir alt sind.

Bild von Ron Tiner

Hochzeitsnacht! Der Bräutigam holt seine Frau aus ihrem Elternhaus ab.

TOLLER DUFT

Verschenken Sie eine unserer witzigen Parfümflaschen in Form eines Fußes!

Haus der Düfte, Kos

EINE GEBURT FEIERN?

Schenken Sie der jungen Mutter Honig und süßen Wein.

Honigwabe, unter der Akropolis, Theben

VERLOREN

Damenbrosche in Form eines Delphins mit Edelsteinauge auf dem Marktplatz in Priene. Hoher Finderlohn.

Chiffre 2440

WELCHER GOTT?

ZEUS
Oberster aller Götter und Gott des Himmels, des Sturms, des Windes, der Familie und Freundschaft. Er bestraft Übeltäter mit Blitz und Donner.

HERA
Frau des Zeus, Königin des Himmels, Göttin aller Frauen, der Ehe und der Mütter. Ihr heiliges Tier ist die Kuh.

ATHENE
Göttin der Städte, des Kriegs und der Weisheit. Beschützerin der Spinner, Weber und Handwerker. Ihr Wahrzeichen ist die Eule.

APOLLON
Gott der Sonne, der Ernte und der Musik. In Delphi auch Gott der Weissagung. Sein Wahrzeichen ist die Leier.

WIE GEFALLEN WIR

Bilder von Barbara Lofthouse

Sie wissen, wie das ist: Ihr Leben läuft glatt und wenn Sie es gar nicht erwarten, sind die Götter gegen Sie und alles geht schief. Keine Panik – wir von der *Griechischen Zeitung* verraten Ihnen, wie Sie die Götter auf Ihrer Seite haben.

Vielleicht haben Sie einem Gott gegenüber ein Versprechen gebrochen? Oder vielleicht haben Sie sich bei einer Göttin noch nicht bedankt?
Jeder Gott kümmert sich um verschiedene Lebensbereiche.
Wenn Asklepios, der Gott der Medizin, Sie von einer Krankheit heilt – sind Sie in seiner Schuld. Der Meeresgott Poseidon rettet Sie – Sie müssen sich bei ihm bedanken. Den Göttern zu danken kann teuer werden. Sie müssen zum Tempel des Gottes reisen und ein Opfertier bezahlen.

Es sollte ein Lieblingstier des Gottes sein. Zeus z. B. ist wählerisch: er nimmt nur Stiere an.

Aber Ihr Geld dient einem guten Zweck: ein Opfer freut die Götter immer. Ausserdem kann man sich so ihrer Hilfe sicher sein.
Schwierig ist nur, dass wir so viele Götter haben! An welchen soll man sich wenden? Oft ist einer der oberen Götter der richtige.
Aber dann muss man immer noch den am besten geeigneten Gott finden. Und man vergisst leicht, wofür jeder

DAS ORAKEL SPRICHT

Heiliger Bote: Ein Priester wartet auf die Worte des Orakels.

Bild von Angus McBride

Jedes Frühjahr reisen Griechen und Fremde zum Orakel in die Berge von Delphi. Aber warum kommen sie von so weit her, um diese seltsame Priesterin zu besuchen? Wir haben einen Reporter hingeschickt.

»Soll ich kämpfen?«, fragte ein Prinz aus dem Osten.
»Soll ich die Nachbarstochter heiraten?«, fragte ein beunruhigter Mann aus Thrakien.
Unsere Fragen waren zwar verschieden, aber wir waren alle aus demselben Grund beim Orakel zu Delphi: Wir wollten einen Blick in die Zukunft, der Entscheidungen erleichtert.

Im Innern des Tempels stiegen Dampfwolken aus einer Erdspalte empor.

GÖTTLICHE WORTE

Das Orakel stöhnte und murmelte verzückt und ein Priester versuchte, die Worte des Gottes zu verstehen, denn in Wirklichkeit sprach der große Apollon

DEN GÖTTERN?

einzelne Gott zuständig ist. Vielleicht hilft die Spalte »Welcher Gott?« auf diesen Seiten weiter.

Stier: Opfertier des Zeus.

Man opfert Göttern jedoch nicht nur, um zu danken oder Probleme zu lösen. Es ist auch klug, den Gott zu ehren, der Ihre Stadt beschützt.

Am besten dient man den Göttern als Angehöriger eines Tempels. Als Priester oder Priesterin sorgt man für das Gebäude, seine Statuen und Schätze und für die Opfergaben.

Bevor Sie jedoch diesen Schritt tun, denken Sie sorgfältig darüber nach. Das Tempelleben ist nicht jedermanns Sache.

Aber vergessen Sie niemals, dass Götter unser ganzes Leben beherrschen. Wir missachten sie auf eigene Gefahr!

durch den Mund des Orakels.

Jeder von uns hatte dem Tempel Kostbarkeiten als Bezahlung unserer Frage gegeben. Jeder hörte eifrig der Antwort des Gottes zu.

Aber man muss sagen, dass viele der Pilger nachher noch verwirrter aussahen als vorher.

Das Orakel beantwortet nämlich selten eine Frage direkt, die Worte des Gottes haben oft mehr als eine Bedeutung. Ein gutes Beispiel ist das Schicksal des Königs Kroisos von Lydien 546 v. Chr. Das Orakel sagte ihm, ein großes Reich ginge unter, wenn er Persien angriffe. Der König griff an, aber das Reich, das unterging, war sein eigenes.

Als wir wieder von Delphi zur Küste hinuntergingen, erinnerte ich die anderen Pilger an die tragische Geschichte von König Kroisos.

Wir alle wollten sorgfältig über die Botschaft nachdenken, die uns Apollon mit auf den Weg gegeben hatte.

Aber bei einem waren wir ganz sicher: ein Blick in die Zukunft ist jeden Preis wert.

Oberster Gott: 13 m hoch ragt die Ehrfurcht gebietende Zeusstatue in Olympia.

WELCHER GOTT?

ARTEMIS
Jägerin mit Pfeil und Bogen. Göttin des Wildes, der Reinheit und der Geburt. Lieblingsgöttin der Bauern.

POSEIDON
Gott des Meeres und des Wassers, mit einem Dreizack bewaffnet. Löst Erdbeben aus.

APHRODITE
Göttin der Liebe, Schönheit, Fruchtbarkeit und Natur. Ihr Wahrzeichen ist die Taube.

DIONYSOS
Gott des Weines, der Trauben und der Freude. Sein Wahrzeichen ist ein Trinkgefäß.

MEHR SCHULE?

Bilder von Andrew Wheatcroft

Vergebliche Mühe? Sollten Jungen zur Schule gehen oder das Gewerbe des Vaters erlernen?

Man hält Griechenland für ein Zentrum der Bildung. Aber die meisten unserer Kinder können nicht schreiben und lesen! Wir haben unsere Leser gefragt, ob mehr Jungen zur Schule gehen sollten.

■ GEGEN SCHULE

Die meisten Leser hielten Bildung für reine Zeit- und Geldverschwendung. Die folgenden Beispiele spiegeln die Meinungen gut wider:

»Nur reiche Familien können ihre Kinder in die Schule schicken oder einen gebildeten Sklaven kaufen, der sie unterrichtet. Wer von uns hat schon das Geld dafür?«

»Was nützt Schule im Leben? Jungen sollten das Gewerbe ihrer Väter lernen, ob Bauer, Schuster oder Töpfer.«

»Verrückt, einen Jungen mit 7 Jahren in die Schule zu schicken. Bauernhof oder Werkstatt sind besser für ihn.«

■ FÜR SCHULE

Nur die reichsten Leser konnten irgendetwas Gutes über Bildung sagen. Die folgende Meinung ist typisch:

»Bildung unterscheidet unsere Söhne vom gemeinen Volk.

Sie müssen zur Schule gehen, bis sie achtzehn sind. Man braucht mindestens sieben oder acht Jahre, um Grundwissen in sie hineinzuprügeln: lesen, schreiben, rechnen, Musik, Sport usw.

Erst wenn ein Junge fünfzehn oder sechzehn ist, kann man ihn in den höheren Künsten unterrichten, z. B. eine gute Rede zu halten. Damit bekommt seine Familie mehr Macht in der Volksversammlung.

Das macht aber nicht für jeden Jungen Sinn. Lesen und schreiben braucht man nicht auf dem Bauernhof, oder?«

Wie in allen Bereichen des Lebens hängt auch die Einstellung zur Bildung wohl vom Geld ab.

AUCH MÄDCHEN?

Sollen Mädchen lesen und schreiben lernen? Was denkt die Öffentlichkeit darüber?

»Nein, nein«, war die allgemeine Antwort, »absolut nicht!«

Viele meinten, eine Schulbildung sei für Mädchen nicht nötig. Sie müssen Dinge wie Spinnen, Weben und Kochen lernen, um einen Haushalt reibungslos führen zu können, wenn sie verheiratet sind. Das lernt man zu Hause bei der Mutter.

Einige reiche Eltern lassen ihre Töchter zwar lesen lernen, aber nur durch einen Sklaven zu Hause, niemals in einer Schule!

HINTER DEN KULISSEN

Bilder von Barbara Lofthouse

Schauspieler schwitzen stundenlang unter schweren Masken um Götter oder Frösche zu spielen. Was für eine seltsame Art, Geld zu verdienen! Wir waren eine Nacht im Theater und ein Hauptdarsteller nahm uns mit hinter die Kulissen ...

Bühnenspaß: Ein dümmlicher Liebhaber und sein Sklave werben um ein Mädchen.

Warum tragen Schauspieler Masken?
Das ist das Besondere am Theater. Masken verwandeln uns in entlaufene Sklaven, hässliche Monster oder sogar schöne Frauen.

Was für andere Tricks haben Sie?
Sehr viele. Ich verrate sie nicht alle, denn das zerstört den Zauber.
Ein solcher Trick sind die bemalten Platten, die eine Bühne erst in einen Tempel und dann in einen Wald verwandeln können.
Beeindruckend ist auch, wenn die Götter am Ende einer Tragödie am Himmel erscheinen. Mit Hilfe einer Schwebemaschine können die Schauspieler »fliegen«.

Wie ist es, auf der Bühne zu stehen?
Ich hatte wirklich Angst, als ich das erste Mal auf der Hauptbühne stand, besonders, weil immer nur drei Schauspieler dort sind.
Unten auf dem runden Platz für den Chor ist es nicht schlecht. Dort sind 12 Chor-Schauspieler, die erläutern, was im Schauspiel passiert. Manche Stücke haben sogar bis zu 50 Chor-Schauspieler.

Warum spielen keine Frauen mit?
Welcher Mann sähe schon gern, wenn Tochter oder Frau trotz Maske oben auf der Bühne angestarrt würden.

Welche Stücke mögen Sie lieber, Komödien oder Tragödien?
Ich liebe Tragödien. Da ist alles drin – viel Handlung und große Geschichten von Helden und Bösewichten.
Aber meine Lieblingsstücke sind Komödien, besonders vom großen Autor Aristophanes. Sie spotten über dumme oder eingebildete Herrscher, die sich manchmal ändern, nur weil in den Stücken über sie gelacht wird.

Könnten Sie das Theater jemals aufgeben?
O nein, niemals! Ich liebe den Applaus zu sehr!

GROSSES THEATER-FESTIVAL IN ATHEN

Bühnenschriftsteller – wetteifert um die Ehre des Gottes Dionysos!

- Jeder Autor sollte DREI Tragödien und EINE Kommödie vorlegen.
- 10 Richter wählen das beste Stück aus und der Autor bekommt den Ehrenkranz aus Efeu.

KOMMT NACH EPIDAUROS

Die besten Stücke, die je geschrieben wurden, in einem der größten und schönsten Theater. Plätze für 20 000 Personen.

DER STOLZ ATHENS

Bilder von Alan Baron und George Thompson

Bild von Alan Baron

Der Parthenon: Ein prächtiger Tempel der Athene.

Dieser atemberaubende Tempel ist aus griechischem Marmor mit nicht weniger als 8 Säulen an der Vorderseite und jeweils 17 an jeder Seite.
Bemalte Steinreliefs schmücken die äußeren und inneren Wände mit dramatischen Szenen aus Legenden und Kriegen und mit Bildern von Prozessionen zu Ehren Athenes.

Im Tempelinnern ist das Heiligtum der Göttin. Hier ragt die riesige goldglänzende Statue Athenes bis hinauf zum Dach.
Dahinter ist der Tempelschatz: Gold- und Silberbecher, Helme und Schilde aus Kriegsbeute.
Eigentlich ist das ganze Gebäude ein Schatz, nicht nur für Athen, sondern für die ganze Welt!

Wer hat noch nicht vom Parthenon in Athen gehört, einem der schönsten Gebäude der Welt?

Die Athener sind mit Recht stolz auf ihren riesigen Tempel der Göttin Athene, hoch oben auf der Akropolis.
Dieses prächtige Gebäude zeugt von Athens Aufschwung nach der Zerstörung in den Perserkriegen.

Die ungläubigen Perser brannten den halb fertigen Tempel nieder; also errichteten die Athener an derselben Stelle einen noch größeren.
Sie begannen 447 v. Chr. und nach 14 Jahren war das Gebäude vollendet.

Goldener Glanz: Athenes Statue ist fast 13 Meter hoch!

Wie viel bezahlte Athen für den Parthenon?

Für den Tempel:
- Arbeit im Steinbruch
- Transport der Steine
- Behauen der Steine
- Boden, Wände und Säulen errichten
- Türen herstellen
- Dach mit Marmorplatten decken
- Statuen herstellen
- Statuen bemalen
- Architektenlohn
- Bildhauerlöhne
- Arbeiterlöhne

Kosten: fast 3 Millionen Drachmen

Zur Zeit des Tempelbaus konnte ein gelernter Arbeiter bis zu 1 Drachme pro Tag verdienen.

Für Athenes Statue:
- Holz für den Kern
- Elfenbein für die Haut
- Gold für die Rüstung
- Aufrichten der Statue im Tempel
- Bildhauerlohn
- Arbeiterlöhne

Kosten: fast 3,5 Millionen Drachmen

WIE IM SCHWEINESTALL

In vielen unserer übervölkerten Städte stinkt es nach Abfall. Wir fragen einen Spitzenarchitekten nach den Gründen.

? Was ist los mit unseren Städten?
Eins der größten Probleme ist der beschränkte Wohnraum. Die meisten Leute haben nur ein oder zwei Zimmer – nicht genug Platz für eine ganze Familie.

? Welchen Einfluss hat das auf unsere Städte?
Man baut hier und da ein Zimmer an und es entsteht ein völliges Durcheinander. Nach meiner Meinung müssen wir gleich größere Häuser bauen.

? Dann ist das Problem gelöst?
Nein. Wir brauchen auch breitere und geradere Straßen, keine krummen Gässchen, wo sich Räuber verstecken können.
Und wir sollten Abwasserkanäle bauen. Man weiß ja, wie unsere Städte im Sommer stinken. Die Leute gießen einfach Abwasser auf die Straße! Das muss aufhören.
Wir brauchen auch mehr öffentliche Brunnen und Behälter für frisches Regenwasser.

? Glauben Sie, dass Sie jemals solch eine Stadt bauen werden?
Alles ist möglich, aber niemand will für solche langweiligen und alltäglichen Dinge Geld ausgeben. Die Leute wollen lieber dafür bekannt werden, große und teure Tempel gespendet zu haben.

DEIN LEBEN IN IHREN HÄNDEN

Jeder Heiler hat ein anderes Mittel und jeder denkt, seine Behandlung ist die beste. Aber letztlich haben wir nur eine Wahl zwischen den Göttern und der Natur.

Bild von Angus McBride

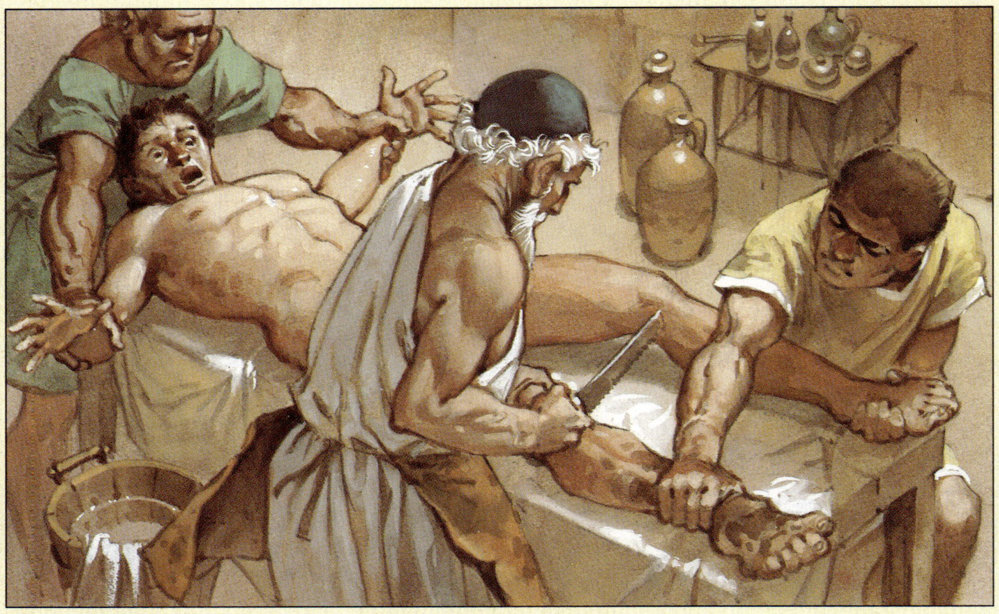

Einzige Wahl: Ein Heiler operiert. Wer würde eher auf Götter vertrauen?

Viele Heiler glauben, dass die Götter uns für unsere Bosheit oder unseren Stolz mit Krankheiten strafen oder weil wir sie zu wenig verehrt haben.

Wenn eine Frau z. B. im Kindbett stirbt, sagen diese Heiler, dass sie wohl Artemis, die Göttin der Geburt, verärgert hat.

Glücksamulette sollen uns heilen oder vor Krankheiten bewahren. Wenn das nichts nützt, schickt man uns zum Schrein des Gottes Asklepios, der über alle Kranken und Leidenden wacht.

Wenn man also den Göttern vertraut, dann sind diese Heiler genau die richtigen.

Aber es gibt andere Heiler, die den Lehren des berühmten Hippokrates folgen.

Dieser große Mann lebte um 400 v. Chr. auf der Insel Kos. Seine Schüler glauben an eine natürliche Ursache für die meisten Krankheiten.

Den Grund für eine Krankheit suchen sie im Leben eines Menschen: wie er atmet, was er isst, was er trinkt, sogar, wo er lebt.

Sie behandeln uns mit Blutegeln, die alles Giftige aus dem Körper saugen.

Sie verordnen vielleicht heilsame Kräutermedizin oder, wenn nötig, schneiden Krankes aus dem Körper.

Oder sie empfehlen uns, uns mehr zu bewegen oder andere Nahrung zu essen.

Aber was immer sie tun, diese Heiler versuchen ihr Bestes für ihre Patienten. Sie sind sogar mit einem Eid dazu verpflichtet.

WUNDERHEILUNG

Bild von Barbara Lofthouse

Unser Reporter ging nach Epidauros, um Heilungssuchende am Tempel des Asklepios zu treffen.

Die müden Pilger, die ich auf dem Weg nach Epidauros traf, hatten keine Zweifel. Der Gott Asklepios würde sie heilen.

Viele waren wochenlang unterwegs, um im Tempelbezirk zu übernachten. Wenn sie Glück haben, wird der Gott ihnen im Traum erscheinen. Dieses Traumgesicht reicht manchen als Heilung, anderen nennt der Gott die beste Behandlungsart.

Die Nacht, die ich im Tempel verbrachte, war endlos. Im Schlaf stöhnende Menschen weckten mich immer wieder auf.

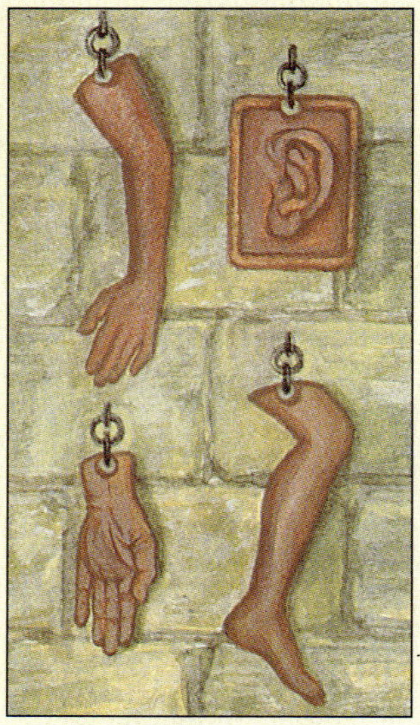

Tongaben: Der Dank an den Gott.

Aber am Morgen schliefen viele der Patienten friedlich und fieberfrei. Andere brachten Asklepios Hähne als Dankopfer dar.

Als ich den Tempel verließ, sah ich Hunderte von Gaben der Pilger an den Gott. Viele davon waren Tonmodelle in Form von Händen, Armen, Beinen, Augen, Ohren oder anderen Körperteilen, die der Gott auf wunderbare Weise geheilt hatte.

Diese glücklichen Patienten glaubten fest daran, dass Asklepios sie geheilt hat.

399 v. Chr. berichteten wir über das dramatische Ende eines unserer größten Denker.

TOD DURCH GIFT

Der Prozess gegen den großen Philosophen Sokrates fand heute in Athen statt. Unser Reporter war vor Ort, als das Urteil gesprochen wurde …

Bild von Christian Hook

Sokrates muss sterben! 501 Geschworene hielten Sokrates für schuldig, nicht an die Staatsgötter zu glauben und junge Menschen mit seinen Lehren in die Irre zu führen.

Obwohl er noch aus Athen fliehen könnte, hat Sokrates tapfer – vielleicht töricht? – entschieden, den giftigen Saft des Schierlings zu trinken und zu sterben.

Der Siebzigjährige war immer an der Philosophie interessiert. In seiner Jugend gab er für die Welt der Ideen sogar seine Geschäfte auf.

Er wurde mit seinen beliebten öffentlichen Diskussionen berühmt, in denen er jeden ohne Mitleid befragte, bis er gezwungen war, selbst zu denken.

Sein Ziel war, die Menschen alles hinterfragen zu lassen; die Regierung von Athen hielt ihn für eine Staatsgefahr.

Kein Denker, selbst wenn er eine Bedrohung für seine Regierung war, wurde je zuvor durch den Tod zum Schweigen gebracht.

Bitteres Ende! Sokrates trinkt den tödlichen Schierlingsbecher.

IDEEN STERBEN NICHT

Natürlich war Sokrates nicht der einzige große Denker unseres Landes. In unserer Geschichte finden sich viele brillante Gelehrte. Wir stellen einige dieser großen Philosophen vor.

■ **THALES**

Thales wurde vor 600 v. Chr. in Miletos geboren und war einer der ersten Griechen, die danach fragten, ob die Götter oder natürliche Ursachen für Fluten oder Gewitter verantwortlich waren.

■ **PLATON**

Platon wurde um 429 v. Chr. in Athen geboren. Er war Schüler von Sokrates und wurde auch Philosoph. Platon entwickelte mit Sokrates' Lehren neue Ideen zum Staatswesen und zur Menschenführung.

■ **ARISTOTELES**

Aristoteles wurde 384 v. Chr. in Makedonien geboren und studierte in Platons Athener Schule. Danach wurde er Lehrer des jungen Alexander des Großen.

Aristoteles glaubte, dass man alle Dinge genau beobachten muss, um herauszufinden, wie sie funktionieren.

Er untersuchte alles, was es gab, von Meerestieren bis zu verschiedenen Organisationsformen griechischer Städte.

ERSTES FEST

Bild von Richard Berridge

Die Nacht der Nächte – das erste Mal auf einem großen Fest! Aber wie soll man sich verhalten? Wir helfen Ihnen durch die Gefahren des vornehmen Lebens.

Große Feier! Speisen, Wein und Akrobaten – das sind die richtigen Zutaten für ein gelungenes Fest.

1. Schritt

Die große Nacht naht und Sie tragen Ihre besten Kleider. Warten Sie ab, während Ihr Gastgeber den Göttern Wein opfert und sehen Sie nicht so hungrig aus!

2. Schritt

Sie sind im siebten Himmel! Mit Girlanden geschmückt liegen Sie auf weichen Kissen und Sklaven bringen Ihnen schneegekühlten Wein. Sie verspeisen saftigen Thunfisch, frischen Tintenfisch, geröstetes Wildschwein und Hirschbraten. Später gibt es Feigen, Backwerk und Honigplätzchen. Versuchen Sie trotz allem so auszusehen, als gäbe es diese Köstlichkeiten täglich bei Ihnen zu Hause.

3. Schritt

Betrinken Sie sich nicht haltlos. Genießen Sie die Musik, die Akrobaten und Tänzerinnen mit einem klaren Kopf. Trinken Sie gewässerten Wein.

4. Schritt

Später am Abend werden die geistreichen Gespräche zunehmend zu dummen Witzen. Es werden alberne Spiele gespielt, z. B. Weinreste auf ein Ziel schleudern.

Benehmen Sie sich immer noch gut, denn Sie wollen ja noch einmal eingeladen werden.

Achten Sie also darauf, dass Sie nach Hause gehen, bevor Sie betrunken sind und von Sklaven Ihres Gastgebers getragen werden müssen.

GAUMENKITZEL

Die meisten von uns werden nie auf ein Fest gehen. Nicht verzweifeln! Wir zeigen, wie einfache Mahlzeiten schmackhafter werden.

Frühstück

Niemals den Tag mit leerem Magen beginnen! Gerstenfladen machen satt. Gerstenbrei mit Myrtenbeeren, Feigen oder Rosinen verfeinern.

Mittagessen

Nur leichte Kost! Brot und Ziegenkäse schmecken mit gekochten Eiern und gesalzenem oder geräuchertem Fisch noch besser. Dazu Weizenbrot statt Gerstenbrot.

Abendessen

Vielleicht etwas Besonderes? Taube, Hähnchen oder Würstchen sind billig. Linsen, Kichererbsen oder Bohnen schmecken mit Lauch oder Zwiebeln viel besser. Dazu viele frische Bergkräuter.

Wer gerne jagt, kann Igel, Drosseln oder Hasen versuchen. Sie eignen sich gut für Eintöpfe.

Süße Birnen und Granatäpfel runden das Essen ab. Dazu Gerstensaft oder verdünnter Wein.

SELBST-VERSORGER

Bild von Christian Hook

Jahrelang haben wir Hunderte von Fragen zur Landwirtschaft beantwortet. Wenn Sie Land gekauft haben und nicht wissen, wo Sie anfangen sollen, lesen Sie weiter!

? Welches Korn sollte ich anbauen?
Bei guter, fetter Erde können Sie Weizen anbauen – er verkauft sich immer gut. Aber wenn Sie den normalen, kargen griechischen Boden haben, bauen Sie besser Gerste an. Sie ist genügsamer.
Trotzdem kann es mit beiden Sorten schwierig werden: In heißen Sommern vertrocknet die Saat, ein früher Herbststurm knickt die Halme.

? Mein Land ist hügelig; was tue ich dagegen?
Am besten ist es, an niedrige Steinwälle Erde anzuschütten und Terrassen zu bauen. Diese harte Arbeit lohnt sich, denn durch die Wälle kann die Erde nicht weggefegt oder weggespült werden.

? Kann man Oliven gut anbauen ?
Oliven wachsen hier fast überall gut und das Öl bringt immer einen guten Preis.
Die Bäume brauchen 40 Jahre bis zur besten Ernte. Wenn feindliche Soldaten sie abholzen, verlieren Sie im Nu die Arbeit eines Lebens.

? Wie ist es mit Trauben?
Auch sie wachsen gut. Aber Sie brauchen viel Hilfe, um die Trauben zu pflücken und den Saft für den Wein herauszutreten.

? Und welche Tiere kann man am besten halten?

Aufspielen: Musik erleichtert die Arbeit des Weintreters.

Für Hühner gibt es auf einem Hof immer Platz und Sie brauchen natürlich Esel und Ochsen, die Lasten tragen und den Pflug ziehen.
Kühe bringen Geld, brauchen aber saftige Weiden.
Schafe und Ziegen dagegen finden genug in den Hügeln, brauchen aber Schäfer zum Schutz vor Wölfen und Dieben.

ZU VERKAUFEN

- Starke junge Ochsen zum Ziehen von Lasten, allein oder als Paar. Können für Pflug oder Wagen genutzt werden
- Kräftige Pflüge aus bestem Holz; eisenbeschlagene für schärfste Schnitte.

Sie finden uns auf dem Marktplatz, Ephesos

EIGENEN HONIG DAS GANZE JAHR ÜBER

Bienenstock aus feinstem Ton.

TÖPFEREI
Westtor, Eretria

SCHMIEDE

- Eisensicheln für den Weizenschnitt
- Starke Schermesser für Schafe

MARKTPLATZ, PRIENE

LANDWIRTE!

Unsere Olivenöl-Pressen sind die besten auf dem Markt. Sie halten ein Leben lang und produzieren nur das beste und reinste Öl.

GROSSER MARKT, MILETOS

SO SEHEN SIE GUT AUS

Bilder von Sue Shields

Unsere Modetips haben Sie immer modisch und gut aussehen lassen. Hier ist eine Auswahl der Stile, die klassisch geworden sind.

■ **DAMENMODE**

Die eleganteste Tunika ist der langärmelige Chiton aus feinstem ägyptischen Leinen, über den Armen festgesteckt und mit einem Gürtel in viele Falten gebracht.

Die alte ärmellose Tunika ist zeitlos: Leicht zu tragen und nur an der Schulter festgesteckt. Und die Wolle dafür kann man zu Hause spinnen!

Mit einem sorgsam gefertigten Schmuckstück fallen Sie auf. Wenig, aber teurer Gold- und Silberschmuck lässt eine einfache Tunika kostbar aussehen.

Eine ungewöhnliche Wirkung erzielt eine Haarspange in Blatt- oder Blütenform oder ein Schlangenarmband.

■ **HERRENMODE**

Die Tunika für Männer sollte mindestens knielang sein. Eine kurze Tunika wird nur von Arbeitern getragen, damit sie ihnen nicht im Weg ist.

Ein Umhang bekommt Stil, wenn man ihn um sich herumwickelt und ein Ende wie zufällig über die Schulter legt.

Obwohl Bärte und lange Haare ein wenig aus der Mode gekommen sind, halten viele Leute sie immer noch für männlich. Wenn es stört, kann man langes Haar mit einer Spange zurückstecken.

KLASSE ZEIGEN

■ **DAMEN**

Die Haut sollte im Unterschied zu den Arbeiterinnen bleich sein. Mit einem weißen Puder aufhellen.

■ **HERREN**

Eine leichte Bräune ist angebracht, nicht so bleich wie ein Handwerker in seiner Werkstatt, aber auch nicht so dunkel wie ein Bauernsklave.

LUXUS-GEWEBE

Tuch in allen Farben – Rot-, Gelb-, Blautöne ...

Violettes Tuch für den gehobeneren Geschmack, gefärbt mit den seltenen Purpurschnecken.

Neu: zarte, durchsichtige Seide aus Kos. Wer wagt es?

TUCH-LADEN
Heiligenallee,
ATHEN

HAAR-TRACHT

BÄNDER, PERLENHAUBEN UND GOLDREIFE FÜR DEN BESONDEREN ANLASS. GOLDENE HAARBÄNDER FÜR HERREN.

MARKT, THEBEN

BLEIB JUNG UND SCHÖN

Puder für die weiße Haut. Wangenrot für das jugendliche Aussehen. Verkauf in eleganter Verpackung.

Cremetöpfchen PRIENE

ZU VERKAUFEN

PARFÜM-TÖPFCHEN

Große Auswahl schöner Töpfchen für Parfums, Öle und Salben.

TOPF & TIEGEL
beim Apollo-Tempel
ERETRIA

RENNWAGEN NACH WAHL

Sie haben das Geld, wir haben das Können. Unsere Wagen fahren Ihre Mannschaft zu olympischen Ehren.

Wagenbauer Olympia

DAS ANDENKEN EHREN
mit einem luxuriösen Grabstein aus Marmor. Mit feinsten Reliefs und Bemalungen.

DER STEINMETZ
unter der Akropolis, Theben

BRONZESPIEGEL,
die schmeicheln! Glatt poliert und mit Silber beschlagen. Große Auswahl.

Marktplatz,
EPHESOS

GESUCHE

Vasenmaler sucht Arbeit bei Töpfer. Malt Delphine, Helden, Götter, Göttinnen und dramatische Kampfszenen.

Chiffre 9723

Alter Soldat sucht Arbeit als Leibwächter. Angst vor nichts!

Chiffre 4832

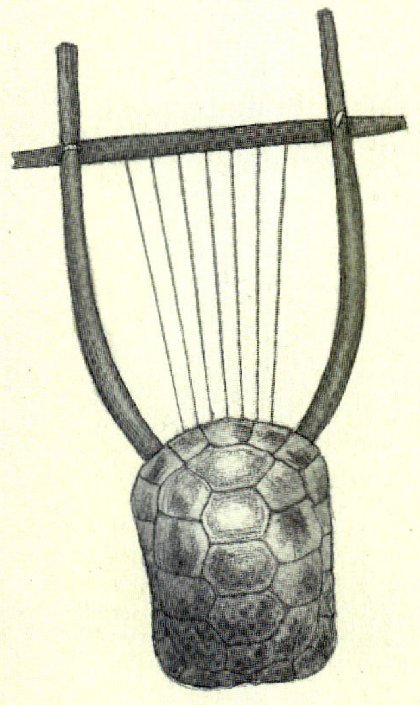

Leierbauer hat neue Instrumente ...

Rahmen aus Holz und Schildpatt. Gedrehte Darmsaiten für den perfekten Ton.

Musikladen
neben dem Theater,
Epidauros

■ 1500–um 1150 v. Chr.
Griechenland besteht aus einzelnen Königreichen, wie z. B. Mykene. Um 1150 v. Chr. sind diese Reiche verschwunden.

■ Um 1100 v. Chr.
Griechen benutzen zum ersten Mal Eisen.

■ Um 800 v. Chr.
Griechisches Alphabet zum ersten Mal benutzt.

■ Um 800–700 v. Chr.
Stadtstaaten entstehen, kleine eigenständige Regierungen einer Stadt oder einer Insel.

■ 776 v. Chr.
Erste uns bekannte Olympische Spiele.

■ 700–500 v. Chr.
Griechische Stadtstaaten bilden Kolonien rund um Mittelmeer und Schwarzes Meer.

■ Um 600 v. Chr.
Erste griechische Münzen.

■ Um 560 v. Chr.
Peisistratos wird erster Tyrann Athens. Sein Sohn Hippias wird 510 v. Chr. vertrieben.

■ 508 v. Chr.
Beginn der Demokratie in Athen.

■ 499–490 v. Chr.
Perser überfallen Griechenland. 490 v. Chr. werden sie in der Schlacht bei Marathon besiegt.

■ 480–479 v. Chr.
Perser überfallen Griechenland erneut. Sie werden bei Salamis und Plataia geschlagen.

■ 477–430 v. Chr.
Unter Führung Athens kämpfen viele Stadtstaaten gegen Persien. Diese Gruppe von Stadtstaaten wird zum griechischen Reich.

■ 440 v. Chr.
Athen auf der Höhe der Macht unter Führung von Perikles, Athens wichtigstem Politiker bis zu seinem Tod 429 v. Chr.

■ 431 v. Chr.
Sparta greift Athen in einer Serie von Schlachten an, Peloponnesischer Krieg genannt.

■ 404 v. Chr.
Sparta verteidigt Athen und wird mächtigster Stadtstaat in Griechenland.

■ 369 v. Chr.
Fast ganz Sparta wird vom Stadtstaat Theben erobert. Theben bleibt mächtigster Stadtstaat bis 362 v. Chr.

■ 338 v. Chr.
Makedonien gelangt an die Macht, als sein König Philipp II. die anderen Stadtstaaten verteidigt.

■ 336 v. Chr.
Philipp II. ermordet. Sein Sohn Alexander der Große regiert Griechenland.

■ 334–326 v. Chr.
Alexander überfällt Asien und erobert das riesige Perserreich.

■ 323 v. Chr.
Alexander stirbt am Fieber in Babylon. Er hat Kleinasien, Ägypten, Persien und Teile Indiens erobert. Sein Reich wird aufgeteilt und zerfällt.

■ 170 v. Chr.
Eine neue Macht wächst im Westen heran: das Römische Reich. Um 170 v. Chr. besteht es aus ganz Italien.

■ 146 v. Chr.
Alle griechischen Stadtstaaten werden Teil des Römischen Reiches.

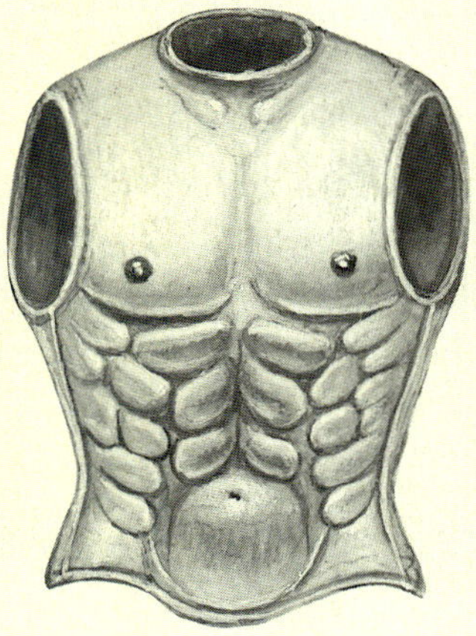

Hinter allen Daten in diesem Buch steht »v. Chr.«, ausgeschrieben »vor Christus«. 250 v. Chr. heißt also 250 Jahre vor Christi Geburt. Die antiken Griechen hatten jedoch eine andere Zeitrechnung.

In diesem Buch werden viele Ländernamen so benutzt, wie wir sie heute kennen, z. B. Frankreich oder Syrien. Die antiken Griechen hatten andere Ländernamen.

Die Deutsche Bibliothek – CIP-Einheitsaufnahme

Die **Griechische Zeitung :** unabhängige Zeitung für das antike Griechenland / Anton Powell & Philip Steele. Dt. von Christa Holtei. – [Ausg.] nach der neuen Rechtschreibung. – Aarau : Kinderbuchverl. Luzern, 1997
Einheitssacht.: Greek News <dt.>
ISBN 3-276-00180-2
NE: Powell Anton; Steele, Philip; Holtei, Christa [Übers.]; EST

Autoren:
Anton Powell, Philip Steele
Griechische Zeitung

Aus dem Englischen von Christa Holtei

(Titel der englischen Originalausgabe: The Greek News)

First published by Walker Books Ltd, London

Fachliche Beratung: Anton Powell, Institute of Classics, University of Wales

Bildnachweis:
Einbandillustration von Angus McBride.
Soweit nicht anders angegeben, stammen die Innenillustrationen von:
Katherine Baxter (23 u. re., 25 o. li., 27), Richard Berridge (29 u. re.), Nicky Cooney (18), Sarah Fox-Davies (31 u. li.), Maxine Hamil (19 u. li., 23 u. li., 25 u. li., 25 u. Mi., 26 u. re., 28 u. re., 29 u. li., 30), Robbie Polley (25 u. re.), George Thompson (19 u. re., 22 re.)
Schmuckleisten:
Nicky Cooney (10, 11), Maxine Hamil (8, 18, 19, 22, 25, 28, 29), Sue Shields (20, 21)

Satz: Steffen Hahn GmbH

Printed in Hongkong

ISBN: 3-276-00180-2
Bestellnummer: 19 00180

In diesem Buch haben wir die griechische Schreibweise für Eigennamen und Orte benutzt. In einigen Büchern erscheinen die gleichen Namen in römischer Schreibweise, wie die folgenden Beispiele:

Griechische Schreibweise	Römische Schreibweise
Akropolis	Acropolis
Asklepios	Asclepius
Bukephalos	Bucephalus
Dionysos	Dionysus
Epidauros	Epidaurus
Hippokrates	Hippocrates
Kleisthenes	Cleisthenes
Kroisos	Croesus
Kyrene	Cyrene
Miletos	Miletus
Peisistratos	Peisistratus
Perikles	Pericles
Sokrates	Socrates
Themistokles	Themistocles